AF635731

Sabine Stehr

Das Übungsheft Lesen 1

Lesetraining und Leseverständnis

Name: ______________________________

Klasse: __________

Mein Lesemeister-Pass

Lesemeister	Seite	Datum	Anzahl der richtigen Antworten	Wie leicht fiel mir das? ☺ 😐 ☹
1	14			
2	24			
3	34			
4	44			
5	54			
6	62			

Mildenberger

Inhaltsverzeichnis

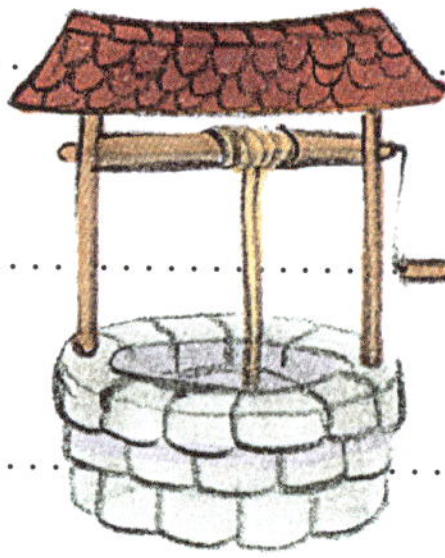

Inhaltsverzeichnis

Textsortenregister

1 Welches Bild gehört zu welchem Satz?

Dornröschen

☐ Dornröschen sticht sich.

☐ Sie fällt in einen langen Schlaf.

☐ Nach hundert Jahren kommt ein Prinz.

☐ Er küsst Dornröschen wach.

2 Was siehst du auf dem 1. Bild? Kreuze an.

☐ Prinz	☐ Schloss	☐ Sonne
☐ Pferd	☐ Fee	☐ Katze

3 Verbinde richtig.

Jahre.

Dornröschen schläft hundert

Jacke.

Hacke.

Am Schloss wächst eine hohe

Hecke.

4 Male richtig an.

Der Rock ist rot.

Er hat grüne Punkte.

Die Schuhe sind blau.

Die Bluse ist grün.

Die Haare sind blond.

Sätze inhaltlich richtig zusammenfügen;
Textverständnis durch Anmalen überprüfen

Flink

Hanna hilft.

Sie ist flink – wie Goldmarie.

Sie macht die Betten.

Sie schüttelt die Kissen.

Oha! Das war wohl zu fest.

Überall fliegen Federn herum.

„Hallo, Frau Holle!“, lacht Hannas Mutter.

1 Was kommt im Text vor? Kreuze an.

 ☐
 ☐
 ☐
 ☐
 ☐
 ☐
 ☐

2 Wer ist hier flink? Kreuze an.

☐ Hannas Mutter ☐ Hanna ☐ Frau Holle

3 Was macht Hanna? Kreuze an.

- [ ] Sie schüttelt Kisten.
- [ ] Sie schüttelt Kissen.

4 Verbinde mit dem passenden Bild.

Kissen im Bett

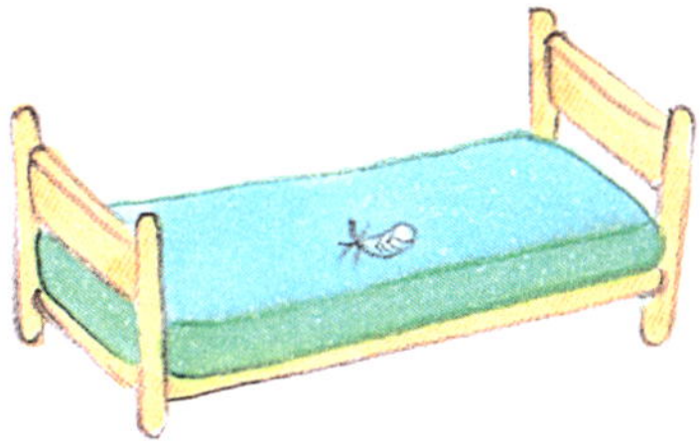

Kissen auf dem Boden

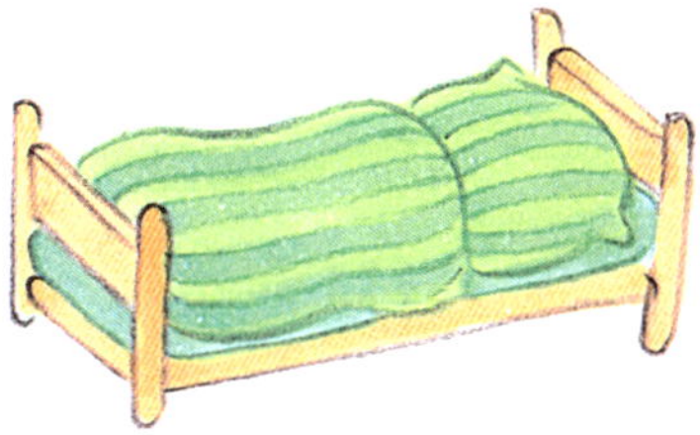

Feder im Bett

5 Was stimmt? Kreuze an.

- [ ] Hanna macht die Betten.
- [ ] Ein Kissen hat Federn verloren.
- [ ] Ein Vogel hat Federn verloren.

Gab es früher Drachen?

Nein.

Das glaubten die Menschen damals nur.

Drachen gibt es nur in Geschichten.

Es gab aber Flugdinos.

Sie sahen fast wie Drachen aus.

1 Kreise alle Tiere ein.

Dino Domino Delfin Hase Hand

Wurm Wind Fisch Frosch Fach

2 Verbinde die Reimwörter.

Drachen Schuppen Maul Zähne

Puppen Rachen Mähne Gaul

wortgenau lesen

3 ☒ Was siehst du? Kreuze an.

- ☐ eine Märchenfee
- ☐ ein Märchenbuch
- ☐ ein Märchenland

- ☐ ein liegender Drache
- ☐ ein fliegender Drache
- ☐ ein fliegendes Dach

4 ☒ Richtig oder falsch? Kreuze an.

	richtig	falsch
Früher gab es Drachen.	☐	☐
Früher gab es Dinos.	☐	☐
Drachen waren Flugdinos.	☐	☐
Drachen gibt es in Geschichten.	☐	☐

genau lesen;
Aussagen zum Text überprüfen

Rätsel 1:

Du kennst mich sicher aus einem Märchen.

Ich trage etwas auf dem Kopf.

Es ist nicht rot.

Ich bin ein Tier.

Ich besitze keine Krone.

Ich habe Stiefel an.

1 ☒ Wer bin ich? Kreuze an.

 ☐

 ☐

 ☐

2 ☒ Was siehst du auf den Bildern?
Kreuze an.

☐ Frosch	☐ Frost	☐ Kran	☐ Krone
☐ Kugel	☐ Stelzen	☐ Korb	☐ Kalb

Textverständnis überprüfen;
Texte und Bilder richtig zuordnen

3 ~~Hut~~ Ein Wort passt nicht. Streiche durch.

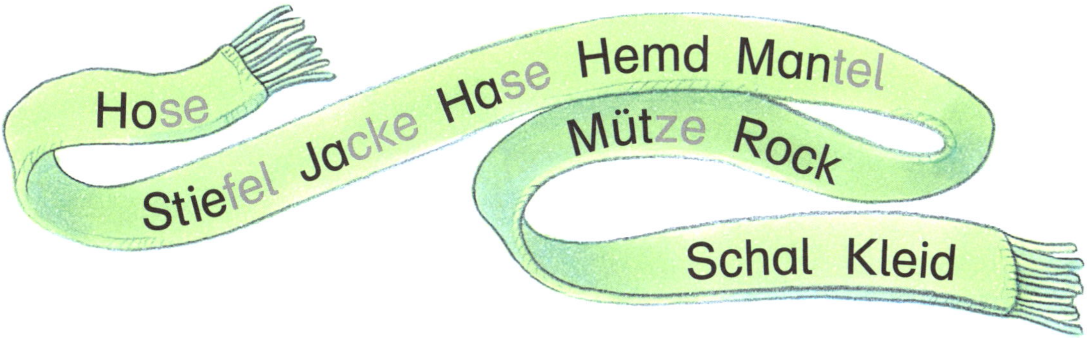

4 Verbinde richtig.

Der Kater trägt einen großen

Herd.

Hut.

Hund.

5 Ergänze das Bild.

Die Hexe hält
einen Stock in der Hand.
Der Stock ist schwarz.
Die Hexe trägt
spitze Schuhe.
Die Schuhe sind grün.

wortgenau lesen;
Sätze inhaltlich richtig zusammenfügen;
Textverständnis durch Malen überprüfen

König Umut

Umut überlegt.

Was würde er tun, wenn er König wäre?

Er würde tolle Regeln machen:

Kinder dürften immer lange aufbleiben.

Es gäbe nie Hausaufgaben.

Eis wäre für alle kostenlos.

1 Zwei Silben ergeben ein Wort. Verbinde richtig.

Re	Kin	Kö	im	lan
der	gel	ge	nig	mer

2 Was stellt sich Umut vor? Kreuze an.

☐ Er würde einen König treffen.

☐ Er wäre König.

Silben zu Wörtern verbinden; Textverständnis überprüfen

3 Verbinde richtig.

Krone Kopf Thron Umhang

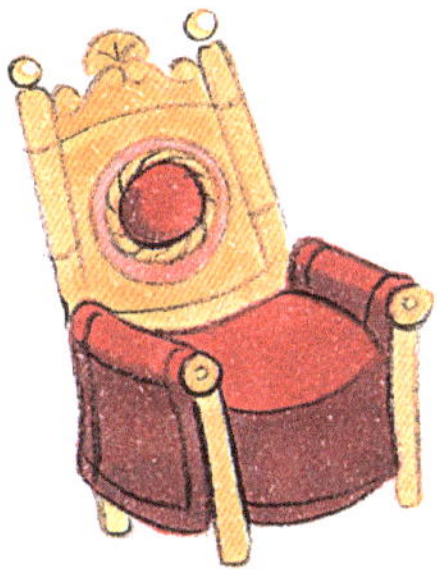  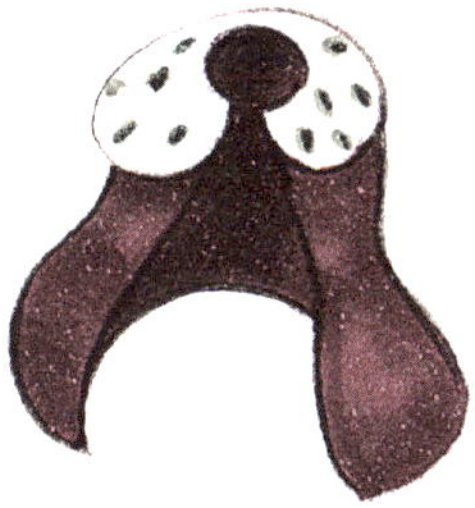 

4 ~~Hut~~ Streiche das falsche Wort durch.

Umut würde (tolle / schlechte) Regeln machen.

Kinder dürften (lange / kurz) aufbleiben.

Es gäbe (nie / oft) Hausaufgaben.

(Eis / Reis) wäre für alle kostenlos.

5 Was siehst du? Kreuze an.

- [ ] Umut mit goldenem Kran
- [ ] Umut mit goldener Krone
- [ ] Umut mit goldenem Kopf

1 Welches Bild gehört zu welchem Satz?

Schlaraffenland

- [ ] Es gibt einen Fluss aus Kakao.
- [ ] Lollis wachsen auf den Wiesen.
- [ ] Da ist ein Berg aus Pudding.
- [ ] Kekse hängen an den Bäumen.

2 Was siehst du auf den Bildern? Kreuze an.

- [ ] Lollis
- [ ] Berg
- [ ] Kekse
- [ ] Kasten
- [ ] Fluss
- [ ] Flasche
- [ ] Baum
- [ ] Haus

Du hast ___ von 9 Antworten richtig.

1 Trenne die Wortschlangen.

Was liegt in der Schatzkiste des Königs?

MANKANNESNICHTESSEN.

ESISTNICHTAUSMETALL.

DERSCHATZHATBEINE.

ERISTAUSSTOFF.

2 Lies die Hinweise oben. Kreise den Schatz des Königs ein.

Sindbad

Sindbad war Seefahrer.

Sein Leben war wild.

Er flog mit einem riesigen Vogel.

Er kämpfte gegen einen Riesen.

Affen raubten sein Schiff aus.

Später ging es im Sturm unter.

Sindbad konnte sich aber retten.

1 Verbinde die Reimwörter.

Sturm	See	Reise	Riese	Meer
Tee	Wurm	Wiese	sehr	leise

2 ~~Hut~~ Ein Wort passt nicht. Streiche durch.

3 Verbinde richtig.

Affe   Vogel   Schiff   Meer

4 Richtig oder falsch? Kreuze an.

	richtig	falsch
Sindbad war Busfahrer.	☐	☐
Sein Leben war ruhig.	☐	☐
Vögel raubten sein Schiff aus.	☐	☐
Sein Schiff ging unter.	☐	☐

5 Verbinde richtig.

Sindbad flog mit

einem riesigen Vogel.

einem reisenden Vogel.

einem Riesen.

Texte und Bilder richtig zuordnen;
Aussagen zum Text überprüfen;
Sätze inhaltlich richtig zusammenfügen

Rätsel 2:

Ich komme in vielen Märchen vor.

Ich bin nicht aus Holz.

In mich ist mal eine goldene Kugel gefallen.

Sie gehörte einer Prinzessin.

In mir findest du Wasser.

1 ☒ Was bin ich? Kreuze an.

 ☐

 ☐

 ☐

2 ☒ Welche Wörter stehen im Text oben? Kreuze an.

☐ Mädchen	☐ Harz	☐ Wasser	☐ Gold
☐ Stein	☐ Kegel	☐ Kugel	☐ Prinz
☐ Brunnen	☐ Frosch	☐ Wissen	☐ Holz

Textverständnis überprüfen; wortgenau lesen

3 Was findest du im Brunnen? Kreuze an.

☐ Watte ☐ Wäsche ☐ Wasser

4 Verbinde richtig.

der Brunnenrand

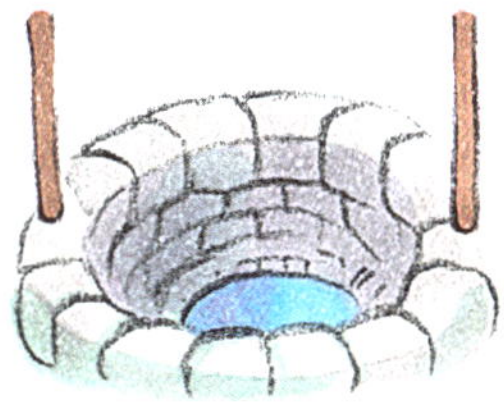

Blick in den Brunnen

Brunnen mit Eimer

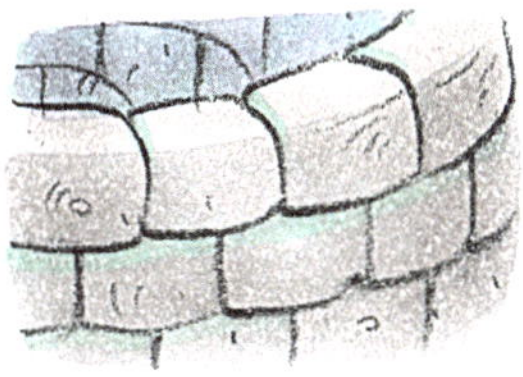

5 ~~Hut~~ Streiche das falsche Wort durch.

Der Brunnen ist aus (Steinen / Sternen) gebaut.

Mit dem Spinnrad spinnt man (Wolken / Wolle).

Die Goldkugel (gehörte / hörte) einer Prinzessin.

gezielt Informationen entnehmen;
Texte und Bilder richtig zuordnen;
Sätze richtig ergänzen

1 Welches Bild gehört zu welchem Satz?

Feier im Märchenland

☐ Die sieben Zwerge grillen Würste.

☐ Der Froschkönig spielt Trommel.

☐ Rapunzel tanzt mit dem Wolf.

☐ Frau Holle macht Schnee.

2 Was grillen die Zwerge? Kreuze an.

☐ Bürsten ☐ Würste ☐ Schnüre

3 Zwei Silben ergeben ein Wort. Verbinde richtig.

Zwer Trom tan Würs Fei

zen ge te mel er

4 Was siehst du auf den Bildern links? Kreuze an.

☐ Zwerge ☐ Grill ☐ Hexe ☐ Schnee

☐ Trommel ☐ Trompete ☐ Froschkönig

5 Was siehst du? Kreuze an.

☐ eine Trommel mit Socken

☐ eine Trommel mit Stöcken

☐ eine Trommel in Stücken

Silben zu Wörtern verbinden;
Texte und Bilder richtig zuordnen;
genau lesen

Fliegender Teppich

Anleitung:

Setze dich auf den Teppich.

Streiche dreimal über die Wolle.

Ziehe dann an den Fransen.

Sprich dabei die Worte: „Teppich, flieg!“

Schon beginnt der Flug.

1 Welche Wörter stehen genau so im Text? Kreuze an.

☐ Teppich	☐ Treppe	☐ Wolke	☐ Wolle
☐ Fransen	☐ Wort	☐ Worte	☐ Flug

2 Kreise alle Flugobjekte ein.

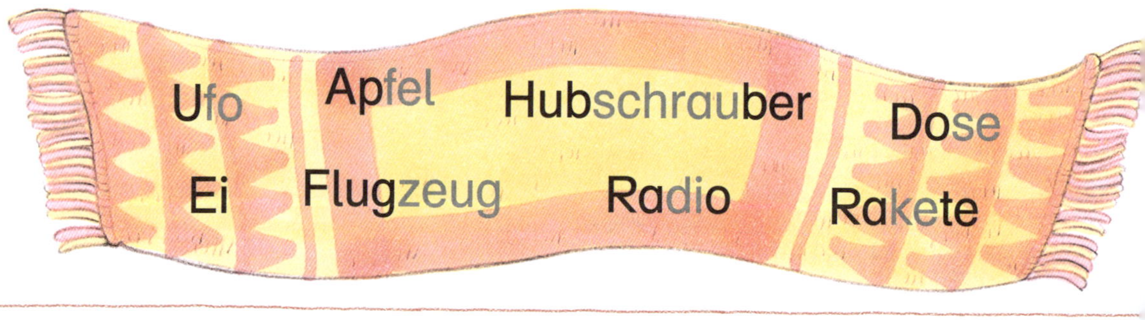

3 Finde die richtige Reihenfolge.
Nummeriere von 1 bis 3.

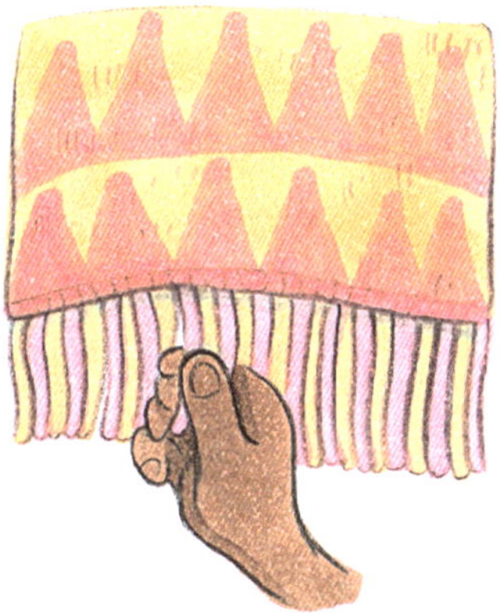

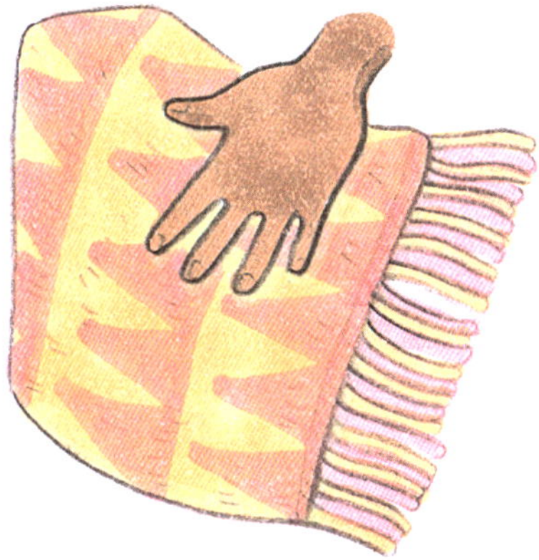

☐ ☐ ☐

4 Worüber soll man streichen? Kreuze an.

über Wolle	über Fransen	über Fratzen
☐	☐	☐

5 Ergänze das Bild.

Der Teppich hat Fransen.

Die Fransen sind gelb.

Der Teppich hat rote Streifen.

Der Rest ist blau.

Text anhand von Bildern rekonstruieren;
gezielt Informationen entnehmen;
Textverständnis durch Malen überprüfen

15 min

Frosch oder Kröte?

Frosch und Kröte sind nicht dasselbe.

Die Kröte ist dicker.

Der Frosch hat längere, schlanke Beine.

Nur er kann hüpfen.

Die Haut des Froschs ist glatt.

Die Kröte hat Beulen und Warzen.

1 Welche Wörter stehen genau so im Text? Kreuze an.

☐ Köter ☐ Beine ☐ Zunge ☐ glatt

2 Frosch oder Kröte? Kreuze an.

	Kröte	Frosch
Ich bin dünner.	☐	☐
Ich habe Warzen.	☐	☐
Ich habe schlankere Beine.	☐	☐
Ich kann hüpfen.	☐	☐

Du hast ___ von 6 Antworten richtig.

1 Was hat Malte gebastelt?

Verbinde die Bilder:

Sonne – Mond – Haus – Stern – Apfel –

Blatt – Blume – Sonne.

2 Was siehst du? Kreuze an.

- [ ] eine Kröte
- [ ] eine Burg
- [ ] einen Korken
- [ ] ein Zepter
- [ ] eine Krone
- [ ] Burgzinnen

Ein kleiner Drache

Umut und Malte spielen Ritter.

Sie sind auf dem Spielplatz.

Dort bauen sie eine Burg.

Fehlt nur ein Drache, denkt Umut.

Da brüllt ein Baby vor Wut.

Umut lacht. „Unser Drache!“, flüstert er.

Jetzt lacht auch Malte.

1 Was kommt im Text vor? Kreuze an.

 ☐

 ☐

 ☐

 ☐

 ☐

 ☐

2 Wo sind Umut und Malte? Kreuze an.

☐ am Strand

☐ auf dem Spielplatz

Texte und Bilder richtig zuordnen; gezielt Informationen entnehmen

3 ☒ Was spielen Umut und Malte? Kreuze an.

☐ Reiter ☐ Ritter ☐ Retter

4 ☒ Wer ist Ersatz für ihren Drachen? Kreuze an.

☐ ein Hund ☐ ein Baby ☐ Malte

5 ~~Hut~~ Ein Wort passt nicht. Streiche durch.

Schippe Schaufel Förmchen Eimer Sieb Zahnbürste Gießkanne

6 Verbinde richtig.

Umut und Malte bauen

einen Berg.

eine Burg.

Das Baby

brüllt vor Wut.

brüllt vor Angst.

gezielt Informationen entnehmen;
wortgenau lesen;
Sätze inhaltlich richtig zusammenfügen

1 Welches Bild gehört zu welchem Satz?

Deine Münzen sollen glänzen?

Nimm ein altes 2-Cent-Stück.

☐ Lege es in ein Glas.

☐ Gieße Essig darauf.

☐ Warte zehn Minuten.

☐ Hole die Münze wieder heraus.

Sie glänzt wie neu.

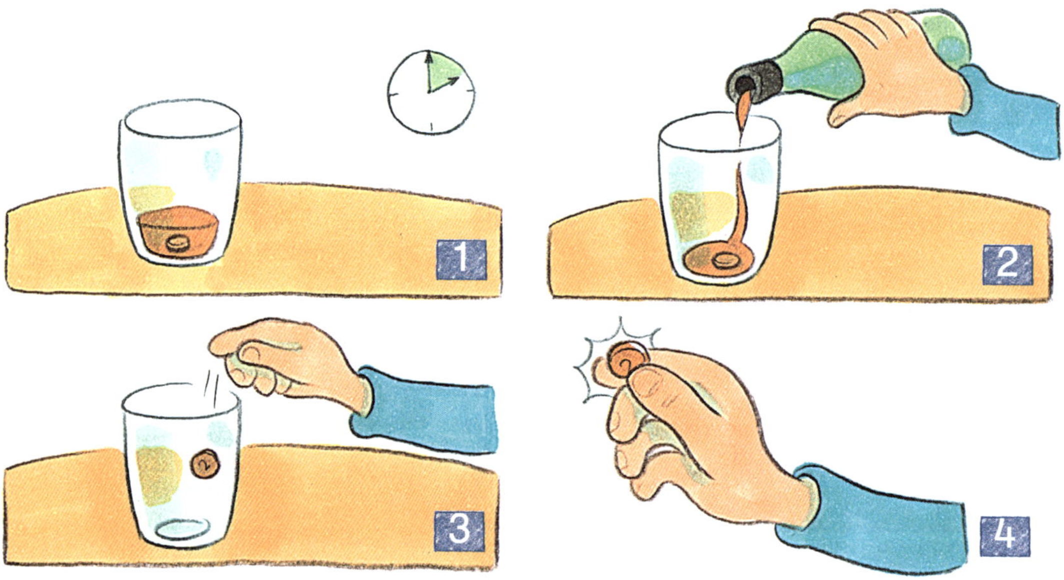

2 Was siehst du auf den Bildern? Kreuze an.

☐ Mütze ☐ Münze ☐ Flasche ☐ Uhr

3 Verbinde die Reimwörter.

Glas Glanz bald Stück warten

Wald Kranz Gras Garten zurück

4 Was braucht man alles für den Versuch? Kreuze an.

☐ Essig ☐ Wasser ☐ Münze ☐ Eis

5 Richtig oder falsch? Kreuze an.

	richtig	falsch
Man soll eine alte Münze nehmen.	☐	☐
Man legt die Münze ins Gras.	☐	☐
Man gießt Essig auf die Münze.	☐	☐
Dann wartet man drei Minuten.	☐	☐

wortgenau lesen;
Textverständnis überprüfen;
Aussagen zum Text überprüfen

Rätsel 3:

Wir sind nicht sehr groß.

Wir haben dieselbe Mutter.

Wir sind mehr als drei.

Wir sollen die Tür nicht öffnen.

Es könnte der böse Wolf sein.

Er will uns fressen.

1 ☒ Wer sind wir? Kreuze an.

☐ ☐ ☐ ☐

2 ☒ Was siehst du auf Bild 1? Kreuze an.

☐ Zwerge mit Münzen ☐ Zweige mit Mützen

☐ Zwerge mit Mützen ☐ Zwerge mit Müll

Textverständnis überprüfen;
genau lesen

3 ☒ Was siehst du auf Bild 4?
Kreuze an.

☐ Esel, Katze, Huhn und Hahn

☐ Esel, Katze, Hund und Hahn

4 ◯ Kreise alle Figuren aus Märchen ein.

Zwerg Hexe Polizist Rapunzel Fee

Lehrer Schiff Prinz Hänsel Brezel

5 Verbinde richtig.

Geißlein in der Standuhr

Geißlein an der Tür

Geißlein auf der Wiese

Texte und Bilder richtig zuordnen;
wortgenau lesen

Hallo Zarah,

ich bin im Märchenpark.

Überall stehen Figuren aus Märchen.

Auch Rapunzel und der Prinz.

Man kann auf Knöpfe drücken.

Dann bewegen sich die Figuren.

Es gibt auch Karussells.

Deine Leni

Zarah Berg

Nussbaumweg 7

68309 Mannheim

1 Welche Wörter stehen im Text?
Kreuze an.

- ☐ Märchenpark
- ☐ Rapunzel
- ☐ Mädchen
- ☐ Märchenfigur
- ☐ Köpfe
- ☐ bewegen

2 Wer hat die Karte geschrieben?
Kreuze an.

- ☐ Zarah
- ☐ Leni
- ☐ Umut

wortgenau lesen;
gezielt Informationen entnehmen

1 Welches Bild gehört zu welchem Satz?

Dornröschen

2 Dornröschen sticht sich.

4 Sie fällt in einen langen Schlaf.

1 Nach hundert Jahren kommt ein Prinz.

3 Er küsst Dornröschen wach.

2 Was siehst du auf dem 1. Bild? Kreuze an.

- [x] Prinz
- [x] Schloss
- [ ] Sonne
- [ ] Pferd
- [ ] Fee
- [ ] Katze

3 Verbinde richtig.

Dornröschen schläft hundert → Jahre.

Jacke.

Hacke.

Am Schloss wächst eine hohe → Hecke.

4 Male richtig an.

Der Rock ist rot.

Er hat grüne Punkte.

Die Schuhe sind blau.

Die Bluse ist grün.

Die Haare sind blond.

Flink

Hanna hilft.

Sie ist flink – wie Goldmarie.

Sie macht die Betten.

Sie schüttelt die Kissen.

Oha! Das war wohl zu fest.

Überall fliegen Federn herum.

„Hallo, Frau Holle!", lacht Hannas Mutter.

1 Was kommt im Text vor? Kreuze an.

[x] [ ] [x] [x] [ ] [ ] [ ]

2 Wer ist hier flink? Kreuze an.

- [ ] Hannas Mutter
- [x] Hanna
- [ ] Frau Holle

3 Was macht Hanna? Kreuze an.

- [ ] Sie schüttelt Kisten.
- [x] Sie schüttelt Kissen.

4 Verbinde mit dem passenden Bild.

Kissen im Bett

Kissen auf dem Boden

Feder im Bett

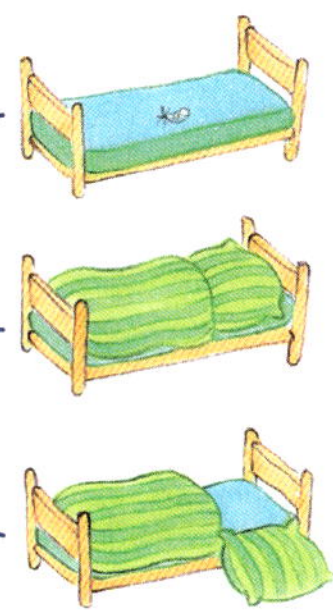

5 Was stimmt? Kreuze an.

- [x] Hanna macht die Betten.
- [x] Ein Kissen hat Federn verloren.
- [ ] Ein Vogel hat Federn verloren.

Das Übungsheft Lesen 1 – Lösungen (Seite 8 – 11)

Gab es früher Drachen?

Nein.
Das glaubten die Menschen damals nur.
Drachen gibt es nur in Geschichten.
Es gab aber Flugdinos.
Sie sahen fast wie Drachen aus.

1 Kreise alle Tiere ein.

(Dino) Domino (Delfin) (Hase) Hand

(Wurm) Wind (Fisch) (Frosch) Fach

2 Verbinde die Reimwörter.

Drachen – Rachen
Schuppen – Puppen
Maul – Gaul
Zähne – Mähne

wortgenau lesen

3 Was siehst du? Kreuze an.

[ ] eine Märchenfee
[X] ein Märchenbuch
[ ] ein Märchenland

[ ] ein liegender Drache
[X] ein fliegender Drache
[ ] ein fliegendes Dach

4 Richtig oder falsch? Kreuze an.

	richtig	falsch
Früher gab es Drachen.	[ ]	[X]
Früher gab es Dinos.	[X]	[ ]
Drachen waren Flugdinos.	[ ]	[X]
Drachen gibt es in Geschichten.	[X]	[ ]

genau lesen;
Aussagen zum Text überprüfen

Rätsel 1:

Du kennst mich sicher aus einem Märchen.
Ich trage etwas auf dem Kopf.
Es ist nicht rot.
Ich bin ein Tier.
Ich besitze keine Krone.
Ich habe Stiefel an.

1 Wer bin ich? Kreuze an.

[ ]

[X]

[ ]

2 Was siehst du auf den Bildern? Kreuze an.

[X] Frosch [ ] Frost [ ] Kran [X] Krone
[ ] Kugel [ ] Stelzen [X] Korb [ ] Kalb

Textverständnis überprüfen;
Texte und Bilder richtig zuordnen

3 Ein Wort passt nicht. Streiche durch.

4 Verbinde richtig.

Der Kater trägt einen großen – Hut.

Herd.
Hund.

5 Ergänze das Bild.

Die Hexe hält
einen Stock in der Hand.
Der Stock ist schwarz.
Die Hexe trägt
spitze Schuhe.
Die Schuhe sind grün.

wortgenau lesen;
Sätze inhaltlich richtig zusammenfügen;
Textverständnis durch Malen überprüfen

König Umut

Umut überlegt.

Was würde er tun, wenn er König wäre?

Er würde tolle Regeln machen:

Kinder dürften immer lange aufbleiben.

Es gäbe nie Hausaufgaben.

Eis wäre für alle kostenlos.

1 Zwei Silben ergeben ein Wort.
Verbinde richtig.

Re – gel, Kin – der, Kö – nig, im – mer, lan – ge

2 Was stellt sich Umut vor? Kreuze an.

- [ ] Er würde einen König treffen.
- [X] Er wäre König.

3 Verbinde richtig.

Krone Kopf Thron Umhang

4 ~~Hut~~ Streiche das falsche Wort durch.

Umut würde (tolle / ~~schlechte~~) Regeln machen.

Kinder dürften (lange / ~~kurz~~) aufbleiben.

Es gäbe (nie / ~~oft~~) Hausaufgaben.

(Eis / ~~Reis~~) wäre für alle kostenlos.

5 Was siehst du? Kreuze an.

- [ ] Umut mit goldenem Kran
- [X] Umut mit goldener Krone
- [ ] Umut mit goldenem Kopf

Silben zu Wörtern verbinden;
Textverständnis überprüfen

Texte und Bilder richtig zuordnen;
Sätze richtig ergänzen;
genau lesen

Der 1. Lesemeister

15 min

1 Welches Bild gehört zu welchem Satz?

Schlaraffenland

3 Es gibt einen Fluss aus Kakao.

2 Lollis wachsen auf den Wiesen.

1 Da ist ein Berg aus Pudding.

4 Kekse hängen an den Bäumen.

2 Was siehst du auf den Bildern? Kreuze an.

- [X] Lollis
- [X] Berg
- [X] Kekse
- [ ] Kasten
- [X] Fluss
- [ ] Flasche
- [X] Baum
- [ ] Haus

Du hast ___ von 9 Antworten richtig.

Deutsch-Bonbon

1 Trenne die Wortschlangen.

Was liegt in der Schatzkiste des Königs?

MAN|KANN|ES|NICHT|ESSEN.

ES|IST|NICHT|AUS|METALL.

DER|SCHATZ|HAT|BEINE.

ER|IST|AUS|STOFF.

2 Lies die Hinweise oben. Kreise den Schatz des Königs ein.

Der Schatz des Königs

Sindbad

Sindbad war Seefahrer.
Sein Leben war wild.
Er flog mit einem riesigen Vogel.
Er kämpfte gegen einen Riesen.
Affen raubten sein Schiff aus.
Später ging es im Sturm unter.
Sindbad konnte sich aber retten.

1 Verbinde die Reimwörter.

Sturm – See – Reise – Riese – Meer

Tee – Wurm – Wiese – sehr – leise

2 Ein Wort passt nicht. Streiche durch.

Regen, Sonne, Sturm, Hagel, Gewitter, Schnee, Nebel, Wolke, ~~Rasen~~

wortgenau lesen

3 Verbinde richtig.

Affe – Vogel – Schiff – Meer

4 Richtig oder falsch? Kreuze an.

	richtig	falsch
Sindbad war Busfahrer.	[ ]	[x]
Sein Leben war ruhig.	[ ]	[x]
Vögel raubten sein Schiff aus.	[ ]	[x]
Sein Schiff ging unter.	[x]	[ ]

5 Verbinde richtig.

Sindbad flog mit – einem riesigen Vogel.

einem reisenden Vogel.

einem Riesen.

Texte und Bilder richtig zuordnen; Aussagen zum Text überprüfen; Sätze inhaltlich richtig zusammenfügen

Rätsel 2:

Ich komme in vielen Märchen vor.
Ich bin nicht aus Holz.
In mich ist mal eine goldene Kugel gefallen.
Sie gehörte einer Prinzessin.
In mir findest du Wasser.

1 Was bin ich? Kreuze an.

[ ] [x] [ ]

2 Welche Wörter stehen im Text oben? Kreuze an.

[ ] Mädchen	[ ] Harz	[x] Wasser	[ ] Gold
[ ] Stein	[ ] Kegel	[x] Kugel	[ ] Prinz
[ ] Brunnen	[ ] Frosch	[ ] Wissen	[x] Holz

Textverständnis überprüfen; wortgenau lesen

3 Was findest du im Brunnen? Kreuze an.

[ ] Watte [ ] Wäsche [x] Wasser

4 Verbinde richtig.

der Brunnenrand

Blick in den Brunnen

Brunnen mit Eimer

5 Streiche das falsche Wort durch.

Der Brunnen ist aus (Steinen/~~Sternen~~) gebaut.

Mit dem Spinnrad spinnt man (~~Wolken~~/Wolle).

Die Goldkugel (gehörte/~~hörte~~) einer Prinzessin.

gezielt Informationen entnehmen; Texte und Bilder richtig zuordnen; Sätze richtig ergänzen

1 Welches Bild gehört zu welchem Satz?

Feier im Märchenland

3 Die sieben Zwerge grillen Würste.

1 Der Froschkönig spielt Trommel.

4 Rapunzel tanzt mit dem Wolf.

2 Frau Holle macht Schnee.

2 Was grillen die Zwerge? Kreuze an.

[ ] Bürsten [X] Würste [ ] Schnüre

3 Zwei Silben ergeben ein Wort. Verbinde richtig.

Zwer – ge, Trom – mel, tan – zen, Würs – te, Fei – er

4 Was siehst du auf den Bildern links? Kreuze an.

[X] Zwerge [X] Grill [ ] Hexe [X] Schnee
[X] Trommel [ ] Trompete [X] Froschkönig

5 Was siehst du? Kreuze an.

[ ] eine Trommel mit Socken
[X] eine Trommel mit Stöcken
[ ] eine Trommel in Stücken

Fliegender Teppich

Anleitung:

Setze dich auf den Teppich.

Streiche dreimal über die Wolle.

Ziehe dann an den Fransen.

Sprich dabei die Worte: „Teppich, flieg!"

Schon beginnt der Flug.

1 Welche Wörter stehen genau so im Text? Kreuze an.

[X] Teppich [ ] Treppe [ ] Wolke [X] Wolle
[X] Fransen [ ] Wort [X] Worte [X] Flug

2 Kreise alle Flugobjekte ein.

(Ufo) Apfel (Hubschrauber) Dose
Ei (Flugzeug) Radio (Rakete)

3 Finde die richtige Reihenfolge. Nummeriere von 1 bis 3.

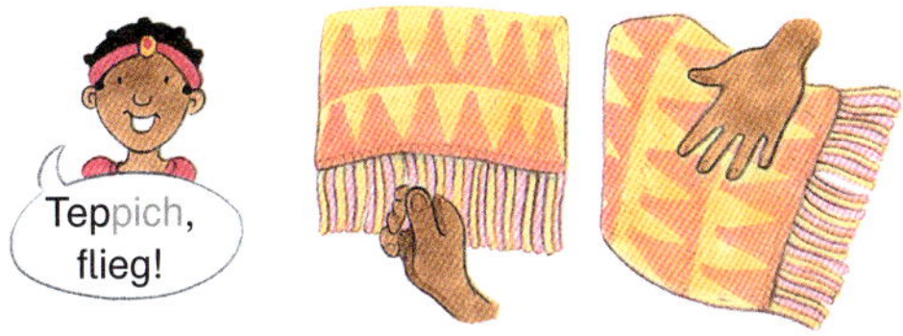

3 2 1

4 Worüber soll man streichen? Kreuze an.

über Wolle [X] über Fransen [ ] über Fratzen [ ]

5 Ergänze das Bild.

Der Teppich hat Fransen.

Die Fransen sind gelb.

Der Teppich hat rote Streifen.

Der Rest ist blau.

Der 2. Lesemeister — 15 min

Frosch oder Kröte?

Frosch und Kröte sind nicht dasselbe.
Die Kröte ist dicker.
Der Frosch hat längere, schlanke Beine.
Nur er kann hüpfen.
Die Haut des Froschs ist glatt.
Die Kröte hat Beulen und Warzen.

1 Welche Wörter stehen genau so im Text? Kreuze an.

[ ] Köter [X] Beine [ ] Zunge [X] glatt

2 Frosch oder Kröte? Kreuze an.

	Kröte	Frosch
Ich bin dünner.	[ ]	[X]
Ich habe Warzen.	[X]	[ ]
Ich habe schlankere Beine.	[ ]	[X]
Ich kann hüpfen.	[ ]	[X]

Du hast von 6 Antworten richtig.

Deutsch-Bonbon

1 Was hat Malte gebastelt?
Verbinde die Bilder:
Sonne – Mond – Haus – Stern – Apfel – Blatt – Blume – Sonne.

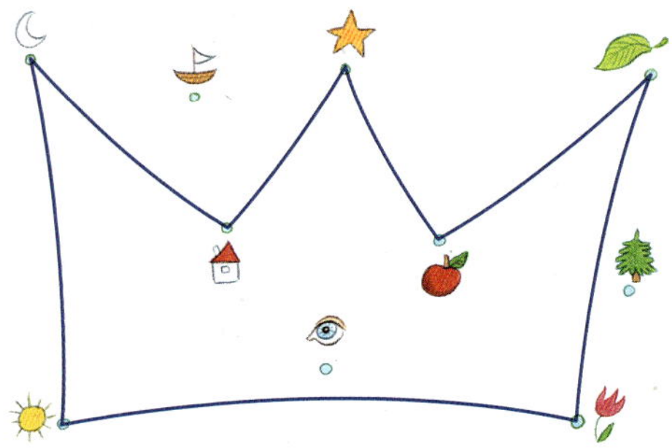

2 Was siehst du? Kreuze an.

[ ] eine Kröte [ ] eine Burg [ ] einen Korken
[ ] ein Zepter [X] eine Krone [ ] Burgzinnen

Verbinde richtig!

Ein kleiner Drache

Umut und Malte spielen Ritter.
Sie sind auf dem Spielplatz.
Dort bauen sie eine Burg.
Fehlt nur ein Drache, denkt Umut.
Da brüllt ein Baby vor Wut.
Umut lacht. „Unser Drache!“, flüstert er.
Jetzt lacht auch Malte.

1 Was kommt im Text vor? Kreuze an.

2 Wo sind Umut und Malte? Kreuze an.

[ ] am Strand [X] auf dem Spielplatz

Texte und Bilder richtig zuordnen;
gezielt Informationen entnehmen

3 Was spielen Umut und Malte? Kreuze an.

[ ] Reiter [X] Ritter [ ] Retter

4 Wer ist Ersatz für ihren Drachen? Kreuze an.

[ ] ein Hund [X] ein Baby [ ] Malte

5 Ein Wort passt nicht. Streiche durch.

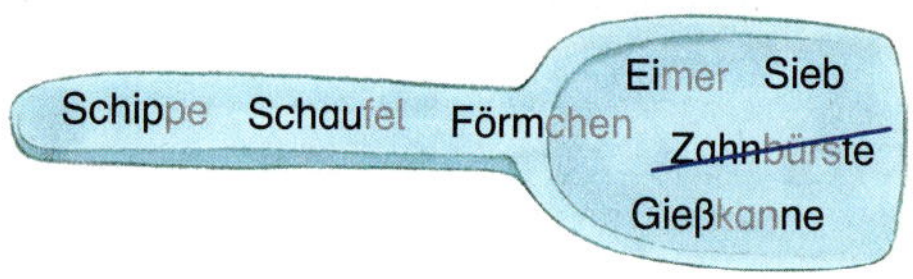

6 Verbinde richtig.

Umut und Malte bauen — eine Burg.
(einen Berg.)

Das Baby — brüllt vor Wut.
(brüllt vor Angst.)

gezielt Informationen entnehmen;
wortgenau lesen;
Sätze inhaltlich richtig zusammenfügen

1 Welches Bild gehört zu welchem Satz?

Deine Münzen sollen glänzen?

Nimm ein altes 2-Cent-Stück.

[3] Lege es in ein Glas.

[2] Gieße Essig darauf.

[1] Warte zehn Minuten.

[4] Hole die Münze wieder heraus.

Sie glänzt wie neu.

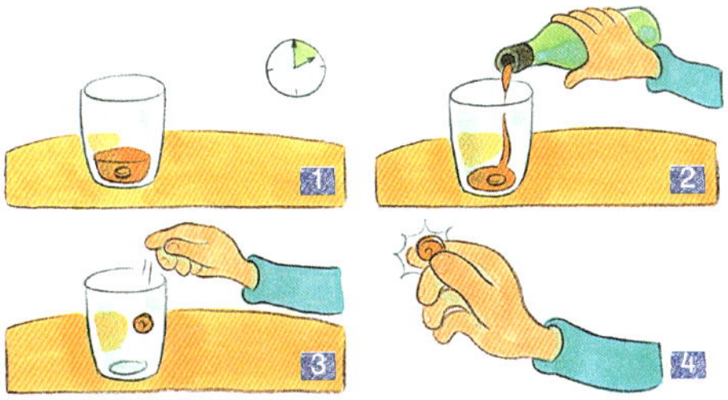

2 Was siehst du auf den Bildern? Kreuze an.

[ ] Mütze [X] Münze [X] Flasche [X] Uhr

3 Verbinde die Reimwörter.

Glas	Glanz	bald	Stück	warten
Wald	Kranz	Gras	Garten	zurück

4 Was braucht man alles für den Versuch? Kreuze an.

[X] Essig [ ] Wasser [X] Münze [ ] Eis

5 Richtig oder falsch? Kreuze an.

	richtig	falsch
Man soll eine alte Münze nehmen.	X	
Man legt die Münze ins Gras.		X
Man gießt Essig auf die Münze.	X	
Dann wartet man drei Minuten.		X

Texte und Bilder richtig zuordnen

wortgenau lesen, Textverständnis überprüfen, Aussagen zum Text überprüfen

Rätsel 3:

Wir sind nicht sehr groß.

Wir haben dieselbe Mutter.

Wir sind mehr als drei.

Wir sollen die Tür nicht öffnen.

Es könnte der böse Wolf sein.

Er will uns fressen.

1 Wer sind wir? Kreuze an.

[ ] 1 [X] 2 [ ] 3 [ ] 4

2 Was siehst du auf Bild 1? Kreuze an.

[ ] Zwerge mit Münzen [ ] Zweige mit Mützen

[X] Zwerge mit Mützen [ ] Zwerge mit Müll

3 Was siehst du auf Bild 4? Kreuze an.

[ ] Esel, Katze, Huhn und Hahn

[X] Esel, Katze, Hund und Hahn

4 Kreise alle Figuren aus Märchen ein.

Zwerg **Hexe** Polizist **Rapunzel** **Fee**

Lehrer Schiff **Prinz** **Hänsel** Brezel

5 Verbinde richtig.

Geißlein in der Standuhr

Geißlein an der Tür

Geißlein auf der Wiese

Textverständnis überprüfen; genau lesen

Texte und Bilder richtig zuordnen; wortgenau lesen

Hallo Zarah,
ich bin im Märchenpark.
Überall stehen Figuren aus Märchen.
Auch Rapunzel und der Prinz.
Man kann auf Knöpfe drücken.
Dann bewegen sich die Figuren.
Es gibt auch Karussells.
Deine Leni

Zarah Berg
Nussbaumweg 7
68309 Mannheim

1 Welche Wörter stehen im Text? Kreuze an.

- [x] Märchenpark
- [x] Rapunzel
- [ ] Mädchen
- [ ] Märchenfigur
- [ ] Köpfe
- [x] bewegen

2 Wer hat die Karte geschrieben? Kreuze an.

- [ ] Zarah
- [x] Leni
- [ ] Umut

3 Was gibt es alles im Park? Kreuze an.

- [x] (Märchenfigur)
- [ ] (Rutsche)
- [x] (Karussell)
- [ ] (Eiswagen)

4 Was passiert, wenn man auf die Knöpfe drückt? Kreuze an.

- [ ] Die Figuren tanzen.
- [x] Die Figuren bewegen sich.
- [ ] Die Figuren sprechen.

5 Verbinde richtig.

Leni hat — eine Postkarte geschrieben.
einem Postboten geschrieben.

die Frisur von Rapunzel.
Im Park steht — die Figur von Rapunzel.

wortgenau lesen; gezielt Informationen entnehmen

Texte und Bilder richtig zuordnen; Textverständnis überprüfen; Sätze inhaltlich richtig zusammenfügen

Der 3. Lesemeister

15 min

Dem Wolf reicht's

Der Wolf will nicht mehr böse sein.
So mag ihn keiner.
Heute ist er nett.
Er zeigt Rotkäppchen den Weg.
Er trägt ihren Korb. Er frisst die Oma nicht.
Zum Dank bekommt er Kuchen. Das gefällt ihm.

1 Was siehst du auf dem Bild? Kreuze an.

- [ ] grimmiger Wolf
- [x] grinsender Wolf
- [ ] Wald

2 Richtig oder falsch? Kreuze an.

	richtig	falsch
Der Wolf ist heute fett.		X
Er zeigt Rotkäppchen den Weg.	X	
Er trägt die Oma.		X
Der Wolf bekommt Kuchen.	X	

Du hast ___ von 5 Antworten richtig.

Deutsch-Bonbon

1 Male alle Felder in der richtigen Farbe an.

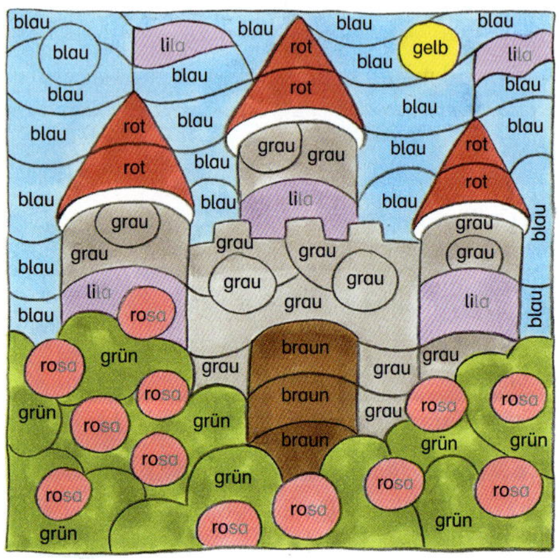

2 Was siehst du? Kreuze an.

- [ ] Berge mit Spitzen
- [x] Burg mit Zinnen
- [ ] Kirche mit Turm
- [ ] Bär mit Tatzen

Ausmalbild

Riesen

Echte Riesen gibt es nicht.
Manche Menschen sind aber sehr groß.
Der größte Mensch der Welt ist 2,51 Meter groß.
Sein Kopf reicht bis zur Decke eines Zimmers.
Oft muss er sich bücken.
Für ihn sind alle anderen wie Zwerge.

1 Zwei Silben ergeben ein Wort. Verbinde richtig.

Me – sen, Men – schen, Rie – sen, Zim – mer, De – cke, Zwer – ge

(Silben: Me, Men, Rie, Zim, De, Zwer / sen, mer, ter, schen, ge, cke)

2 Wie groß ist der größte Mensch der Welt? Kreuze an.

- [ ] 2,51 Kilometer
- [ ] 2,15 Meter
- [x] 2,51 Meter

3 ~~Hut~~ Ein Wort passt nicht. Streiche durch.

4 ~~Hut~~ Streiche das falsche Wort durch.

Echte (~~Reisen~~/Riesen) gibt es nicht.
Manche (Menschen/~~Märchen~~) sind sehr groß.
Große Leute müssen sich oft (bücken/~~brechen~~).

5 Ergänze das Bild.

Der Zwerg trägt eine Mütze.
Sie ist blau.
Die Mütze hat einen Bommel.
Der Zwerg hat einen Bart.

Hans im Glück

Hans bekommt Gold.
Er tauscht das Gold gegen ein Pferd.
Das Pferd tauscht er gegen eine Kuh.
Hans tauscht immer weiter.
Am Ende hat er nur einen Stein.
Der Stein fällt in den Brunnen.
Hans ist froh.
Der Stein war ihm zu schwer.

1 Was siehst du auf dem Bild? Kreuze an.

- [x] Brunnen
- [ ] Pferd
- [x] Hose
- [ ] Blume
- [ ] Schuhe
- [x] Hand
- [ ] Kuh
- [x] Gras

2 Was passiert mit dem Stein? Kreuze an.

- [ ] Er fällt vom Berg.
- [x] Er fällt in den Brunnen.
- [ ] Er fällt auf eine Kuh.
- [ ] Er fällt ins Meer.

3 In welcher Reihenfolge bekommt Hans die Sachen? Nummeriere von 1 bis 4.

3

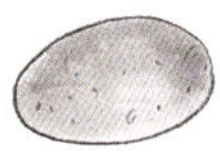
4

2

1

4 Was siehst du hier? Kreuze an.

- [ ] Hans mit Schwein
- [x] Hans mit Stein
- [ ] Haus mit Stein

5 Verbinde richtig.

Hans ist froh, denn der Stein war — zu schwer.

(zu groß. / zu schwer. / zu klein.)

Märchenwald

Leni betritt den Märchenwald am Eingang. Zuerst wandert sie nach rechts. Sie folgt dem Weg. An der zweiten Bank biegt sie ab. Sie läuft bis zum Brunnen. Dahinter geht sie rechts. Hier steht Lenis liebste Märchenfigur.

1 Finde Lenis liebste Figur. Kreise sie ein.

2 Kreise alle Pflanzen ein.

(Gras) Glas (Tanne) Tonne (Klee) Klo (Palme)

3 Was siehst du alles auf der Karte? Kreuze an.

- [X] Baum
- [ ] Reh
- [ ] Pilz
- [X] Parkbank
- [X] Blumen
- [ ] Busch
- [X] Froschkönig
- [X] Brunnen
- [ ] Mülleimer

4 Leni biegt zweimal ab. Wann? Kreuze an.

- [ ] am zweiten Baum
- [ ] vor dem Brunnen
- [X] an der zweiten Bank
- [X] hinter dem Brunnen

5 ~~Hut~~ Streiche das falsche Wort durch.

Leni mag (~~Rohkäppchen~~/Rotkäppchen).

Sie (geht/~~gähnt~~) zum Märchenpark.

Am Eingang (kauft/~~kaut~~) sie eine Eintrittskarte.

Dann (~~wartet~~/wandert) sie durch den Park.

Süß oder salzig?

Hänsel und Gretel sind im Wald.
Dort wohnt die Hexe.
Sie will die beiden locken.
Sie hat Süßes.
Gretel hätte aber lieber Pommes.
Und Hänsel hat Hunger auf Pizza.
Also gehen sie weiter.
Glück gehabt!

1 Wer hat Hunger auf was? Verbinde richtig.

Hänsel Gretel

2 Womit lockt die Hexe? Kreuze an.

- [ ] mit Schokolade
- [ ] mit Pommes
- [X] mit Süßem
- [ ] mit Spielzeug

3 Was siehst du? Kreuze an.

- [X] eine alte Hexe mit Warze
- [ ] eine alte Hütte mit Warze
- [ ] eine alte Hexe mit Wanze

4 Richtig oder falsch? Kreuze an.

	richtig	falsch
Die Hexe wohnt im Wald.	X	
Gretel möchte nichts Süßes.	X	
Die Hexe fängt Hänsel.		X

5 Kreise alle Süßigkeiten ein.

(Bonbon) (Lutscher) Rutsche Wurst
(Gummibärchen) Gummiboot (Lakritze)
Seil Käse (Schokolade) Kaninchen

Der 4. Lesemeister

15 min

Ritter

Das Leben als Ritter war hart.
Ritter mussten oft kämpfen.
Zum Schutz trugen sie eine Rüstung.
Sie war aus Metall.
Ein Helm schützte den Kopf.
Ihre Waffen waren Schwerter und Lanzen.

1 Was siehst du? Kreuze an.

☐ Ritter mit Waffel ☒ Ritter mit Waffe

2 Verbinde richtig.

Ritter schützten sich mit — Helm und Rüstung.

Halm und Rüstung.
Helm und Schild.
Helm und Rüstung.

3 Welche Waffen kommen vor? Kreise ein.

Bogen (Schwert) Axt (Lanze) Dolch

Du hast von 4 Antworten richtig.

Deutsch-Bonbon

1 Kreise im Suchsel diese Wörter ein:

Zwerg Jäger Apfel Königin

F	A	Z	W	E	I	T	J
J	B	A	P	F	E	L	A
Ä	F	U	Z	W	E	I	G
G	A	N	W	F	K	J	D
E	L	F	E	R	L	A	H
R	L	E	R	E	E	R	O
E	I	E	G	I	E	M	P
K	Ö	N	I	G	I	N	F

2 Zu welchem Märchen gehören diese Wörter? Kreuze an.

☐ Sterntaler ☒ Schneewittchen ☐ Rapunzel

3 Eine weitere Märchenfigur hat sich im Suchsel versteckt. Kreise sie ein.

Lösung: Es ist die F ee.

Schneewittchen-Suchsel

Rapunzel-Salat

Möchtest du Rapunzeln essen?
Dann kaufe Feldsalat.
Das ist dasselbe.
Wasche den Salat.
Mache dann eine Soße.
Vermische je 3 EL Essig, Öl,
Wasser und Milch mit 1 Teelöffel Zucker
und einer Prise Salz.
Gib die Soße über den Salat. Fertig!

1 Welche Wörter stehen genau so im Text? Kreuze an.

☒ Feldsalat ☒ Salat ☐ Gurke ☒ Soße

2 Kreise alle Zutaten für das Rezept ein.

(Feldsalat) Zitrone (Öl) (Salz) (Zucker) Pfeffer
Honig Senf (Essig) (Wasser) (Milch)

wortgenau lesen;
gezielt Informationen entnehmen

3 Welche Reihenfolge ist richtig? Nummeriere von 1 bis 3.

3 1 2

4 Ergänze das Bild.

Unten in der Schüssel liegen Gurkenscheiben.

Darauf liegen kleine Tomaten.

Darüber sind gehackte Möhren verteilt.

Auf den Möhren liegen Maiskörner.

Text anhand von Bildern rekonstruieren;
Textverständnis durch Malen überprüfen

Prinzessin auf der Erbse
Ein Mädchen kommt ins Schloss.
Es übernachtet dort.
Nachts schläft es schlecht.
Etwas stört.
Eine Erbse liegt unter ihren Matratzen.
Der Prinz freut sich:
Das Mädchen muss eine Prinzessin sein.
Sonst hätte es die Erbse nicht gespürt.

1 Was kommt im Text vor? Kreuze an.

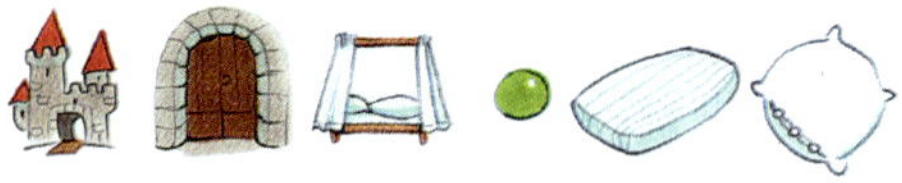

[X] [ ] [ ] [X] [X] [ ]

2 Wo übernachtet das Mädchen? Kreuze an.

[ ] im Hotel [X] im Schloss [ ] im Schuppen

3 Verbinde richtig.

Das Mädchen hat eine Erbse — gegessen. / gespült. / **gespürt.** (verbunden)

Es muss eine — **Prinzessin sein.** (verbunden) / Gärtnerin sein.

4 Was siehst du hier? Kreuze an.

[ ] eine Erbse auf einem Stapel Matratzen
[X] eine Erbse unter einem Stapel Matratzen
[ ] eine Erde unter einem Stapel Matratzen

Einladung
Am Sonntag heirate ich den Prinzen.
Um 15 Uhr geht es los.
Erst treffen wir uns in der Kirche.
Dann feiern wir ein Fest im Schloss.
Es gibt Musik und gutes Essen.
Ich freue mich auf dich.
Dein Aschenputtel

1 Was wird gefeiert? Kreuze an.

[X] Hochzeit [ ] Taufe [ ] Einschulung

2 Wer lädt ein? Kreuze an.

[ ] Aschenpaddel [X] Aschenputtel [ ] Hänsel

3 Welche Wörter stehen genau so im Text? Kreuze an.

[ ] Sonnentag [X] Prinzen [X] Kirche
[ ] Feier [ ] Schluss [X] Musik

4 Wo treffen sich die Gäste zuerst? Kreuze an.

[ ] [X] [ ]

5 ~~Hut~~ Ein Wort passt nicht. Streiche durch.

Trommel Flöte Geige Pauke
Gitarre ~~Flasche~~ Klavier Harfe

6 Richtig oder falsch? Kreuze an.

	richtig	falsch
Es wird am Samstag gefeiert.	[ ]	[X]
Die Feier beginnt um 15 Uhr.	[X]	[ ]
Das Fest ist im Gasthaus.	[ ]	[X]
Es gibt Musik.	[X]	[ ]
Es gibt kein gutes Essen.	[ ]	[X]

Das Übungsheft Lesen 1 – Lösungen (Seite 52 – 55)

Angriff

Es gab viele Angriffe auf Burgen.
Die schwächste Stelle war das Tor am Eingang.
Es wurde extra gesichert.
Oft gab es einen Graben.
Manche Burgen hatten eine Zugbrücke.
Von oben bewarf man die Feinde.
Man nahm Steine oder heißes Pech.

1 Zwei Silben ergeben ein Wort. Verbinde richtig.

Stei – cke, An – griff, Brü – cke, Ein – gang, Gra – ben, Stel – le

(Stei, An, Brü, Ein, Gra, Stel / cke, ne, gang, griff, le, ben)

2 Was war die schwächste Stelle der Burg? Kreuze an.

[X] Eingangstor [ ] Graben [ ] Turm

3 Was schützte laut Text die Burg? Kreise ein.

(Zugbrücke) Tunnel (Graben) Wall Drachen

4 Verbinde richtig.

Eingangstor
Zugbrücke
Ritter, der angreift
Ritter, der verteidigt

5 Verbinde richtig.

Man bewarf seine Feinde

- mit Scherben und Pech.
- mit Steinen und Blech.
- mit Steinen und Pech. ✓

Silben zu Wörtern verbinden; gezielt Informationen entnehmen
Texte und Bilder richtig zuordnen; Sätze inhaltlich richtig zusammenfügen

Der 5. Lesemeister 15 min

1 Welches Bild gehört zu welchem Satz?

Besuch

3 Die sieben Zwerge kommen heim.
4 Jemand hat von ihren Tellern gegessen.
1 Jemand hat aus ihren Bechern getrunken.
2 Jemand hat sich in ihre Betten gelegt.
Schneewittchen? Nein. Heute ist es ein kleiner Bär.

1

2

3
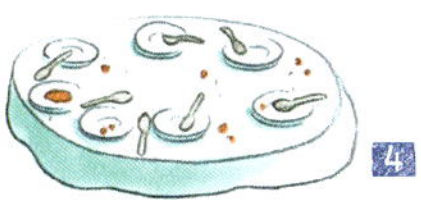
4

2 Kreise alle Wörter ein, die sich auf Bär reimen. Was fällt dir auf?

(schwer) (Teer) Fähre (mehr) Bälle (leer) Bett (wer)

Du hast ___ von 9 Antworten richtig.

Deutsch-Bonbon

In der Schule ist Märchenfest.
Als was hat sich Hanna verkleidet?

1 Finde hier zwei Wörter:
Diese Wörter bezeichnen kein Obst.
Sie reimen sich nicht auf das Wort Eis.
Sie bezeichnen nichts, was man trinken kann.

Saft Kreis Banane Milch Mango Mais (Rose) Sprudel Weiß Apfel Tee Zitrone Weintraube Reis Kaffee Wasser Ananas (Rotstift) Preis Birne

2 Trage die ersten Silben dieser zwei Wörter richtig in die Lösung ein.

Hanna ist als RO SEN ROT verkleidet.

Märchenfest

Ali Baba

Ali Baba sieht 40 Räuber. Sie stehen an einem Felsen. Ein Räuber sagt: „Sesam, öffne dich!“ Da öffnet sich ein Tor. Die Räuber gehen in den Felsen. Später reiten sie weg. Ali Baba sagt nun auch: „Sesam, öffne dich!“ Das Tor geht auf. Ali Baba findet einen großen Schatz.

1 Bringe die Bilder in die richtige Reihenfolge. Nummeriere von 1 bis 3.

3

2

1

2 Wie viele Räuber sieht Ali Baba? Kreuze an.

☐ vier ☒ vierzig ☐ vierundzwanzig

3 Welche Wörter stehen genau so im Text? Kreuze an.

☒ Felsen ☐ Berg ☐ Wald ☐ Pferd
☐ Gold ☒ Tor ☐ Weg ☐ Edelsteine

4 Streiche das falsche Wort durch.

Die Räuber (~~sterben~~/stehen) an einem Felsen.

Ein (~~Berg~~/Tor) öffnet sich im Felsen.

Ali Baba (findet/~~verliert~~) einen Schatz.

5 Was siehst du? Kreuze an.

☐ ein großer Schatz auf einer Höhle
☒ ein großer Schatz in einer Höhle
☐ ein großer Spatz in einer Höhle

Text anhand von Bildern rekonstruieren; gezielt Informationen entnehmen

wortgenau lesen; Sätze inhaltlich richtig ergänzen; genau lesen

Ein echtes Märchenschloss

In unserem Land gibt es viele Schlösser. Eines davon ist besonders schön. Es steht bei Füssen. Das Schloss liegt auf einem Felsen. Es ähnelt einer Burg. Überall hat es Türme. Jedes Jahr besuchen es sehr viele Leute. Es heißt Neuschwanstein.

1 Was ist Neuschwanstein? Kreuze an.

☐ ein Berg ☐ eine Burg ☒ ein Schloss

2 Kreise alle Gebäude ein.

Schluss (Schloss) Stein Sofa (Burg)
Berg (Haus) Hase (Kirche) Kirsche

3 Richtig oder falsch? Kreuze an.

	richtig	falsch
Neuschwanstein steht bei Füssen.	☒	☐
Es hat viele Türme.	☒	☐
Es steht auf einer Insel.	☐	☒
Niemand besucht es.	☐	☒

4 Verbinde richtig.

Turm des Schlosses

Weg zum Schloss

Fenster des Schlosses

gezielt Informationen entnehmen; wortgenau lesen

Aussagen zum Text überprüfen; Texte und Bilder richtig zuordnen

Die Bremer Stadtmusikanten

Die Tiere sind hungrig. Sie sehen die Räuber im Haus. Der Tisch ist gut gedeckt. Die Tiere springen aufeinander.
Der Esel schreit.
Der Hund bellt.
Die Katze miaut.
Der Hahn kräht.
Sie fallen durchs Fenster.
Die Räuber fliehen.
Sie halten die vier für ein Gespenst.

1 Warum wollen die Tiere ins Haus? Kreuze an.

- [ ] Sie frieren.
- [x] Sie haben Hunger.
- [ ] Es regnet.
- [ ] Sie sind müde.

2 Wen vertreiben die Tiere? Kreuze an.

- [ ] ein Gespenst
- [ ] eine Hexe
- [x] Räuber

3 Wer macht was? Verbinde richtig.

Der Esel	schreit.
Der Hund	bellt.
Die Katze	miaut.

4 Was siehst du links auf dem Bild? Kreuze an.

- [ ] Die Katze steht auf dem Esel.
- [x] Der Hahn steht ganz oben.
- [x] Der Hund steht auf dem Esel.

5 Male: Auf dem Tisch stehen vier Becher und vier Teller. Auf den Tellern liegen Nudeln mit roter Soße. Die Becher sind halb voll.

Textverständnis überprüfen, gezielt Informationen entnehmen

Sätze inhaltlich richtig ergänzen; Texte und Bilder richtig zuordnen; Textverständnis durch Malen überprüfen

Der 6. Lesemeister

Wölfe

Früher gab es viele Wölfe. Sie lebten in unseren Wäldern. Die Leute hatten große Angst vor ihnen. Also jagten sie die Wölfe. Sie rotteten die Tiere fast aus. Das war vor hundert Jahren. Jetzt gibt es wieder einige Wölfe.

1 Was siehst du auf dem Bild? Kreuze an.

- [ ] Wölfe im Wald
- [ ] einen Wolf an der Wand
- [x] einen Wolf im Wald
- [ ] Wind im Wald

2 Warum wurden die Wölfe gejagt? Kreuze an.

- [ ] Sie waren gefährlich.
- [x] Man hatte Angst.

3 Wann wurden die Wölfe fast ausgerottet? Kreuze an.

- [x] vor 100 Jahren
- [ ] vor 1 000 Jahren

Du hast ___ von 3 Antworten richtig.

Deutsch-Bonbon

Finde Ritter Rex!

Ritter Rex hat einen Helm mit rosa Feder.
Ritter Max trägt einen Schild zum Schutz.
Ritter Hajo besitzt kein Schwert.
Ritter Kuno kämpft mit der Axt.
Ritter Timo hat keine Feder am Helm.

1 Trage Rex' Namen richtig ein.

2 Trage die Namen der anderen Ritter ein.

Ritter Rex

Lese-Sahnebonbon

1 Trenne die beiden Wortschlangen.

FINDE|IM|SUCHSEL|EINE|FARBE.

B	A	L	F	S
L	(G	R	Ü	N)
O	T	R	O	M

MALE|ALLE|GEMÜSESORTEN|SO|AN.

2 Befolge dann die Hinweise.

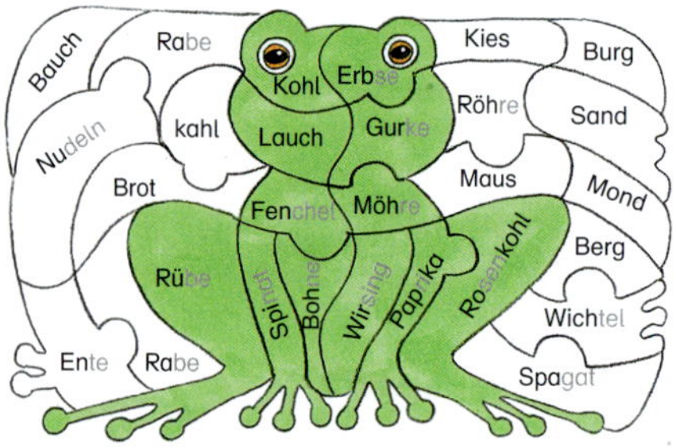

3 Was siehst du? Kreuze an.

☐ Gras ☐ Apfel ☒ Frosch ☐ Fisch

3 Was gibt es alles im Park? Kreuze an.

 ☐
 ☐
 ☐
 ☐

4 Was passiert, wenn man auf die Knöpfe drückt? Kreuze an.

☐ Die Figuren tanzen.

☐ Die Figuren bewegen sich.

☐ Die Figuren sprechen.

5 Verbinde richtig.

Leni hat

eine Postkarte geschrieben.

einem Postboten geschrieben.

Im Park steht

die Frisur von Rapunzel.

die Figur von Rapunzel.

Texte und Bilder richtig zuordnen;
Textverständnis überprüfen;
Sätze inhaltlich richtig zusammenfügen

15 min

Dem Wolf reicht's

Der Wolf will nicht mehr böse sein.

So mag ihn keiner.

Heute ist er nett.

Er zeigt Rotkäppchen den Weg.

Er trägt ihren Korb. Er frisst die Oma nicht.

Zum Dank bekommt er Kuchen. Das gefällt ihm.

1 ☒ Was siehst du auf dem Bild? Kreuze an.

grimmiger Wolf	grinsender Wolf	Wald
☐	☐	☐

2 ☒ Richtig oder falsch? Kreuze an.

	richtig	falsch
Der Wolf ist heute fett.	☐	☐
Er zeigt Rotkäppchen den Weg.	☐	☐
Er trägt die Oma.	☐	☐
Der Wolf bekommt Kuchen.	☐	☐

Du hast ☐ von 5 Antworten richtig.

1 Male alle Felder in der richtigen Farbe an.

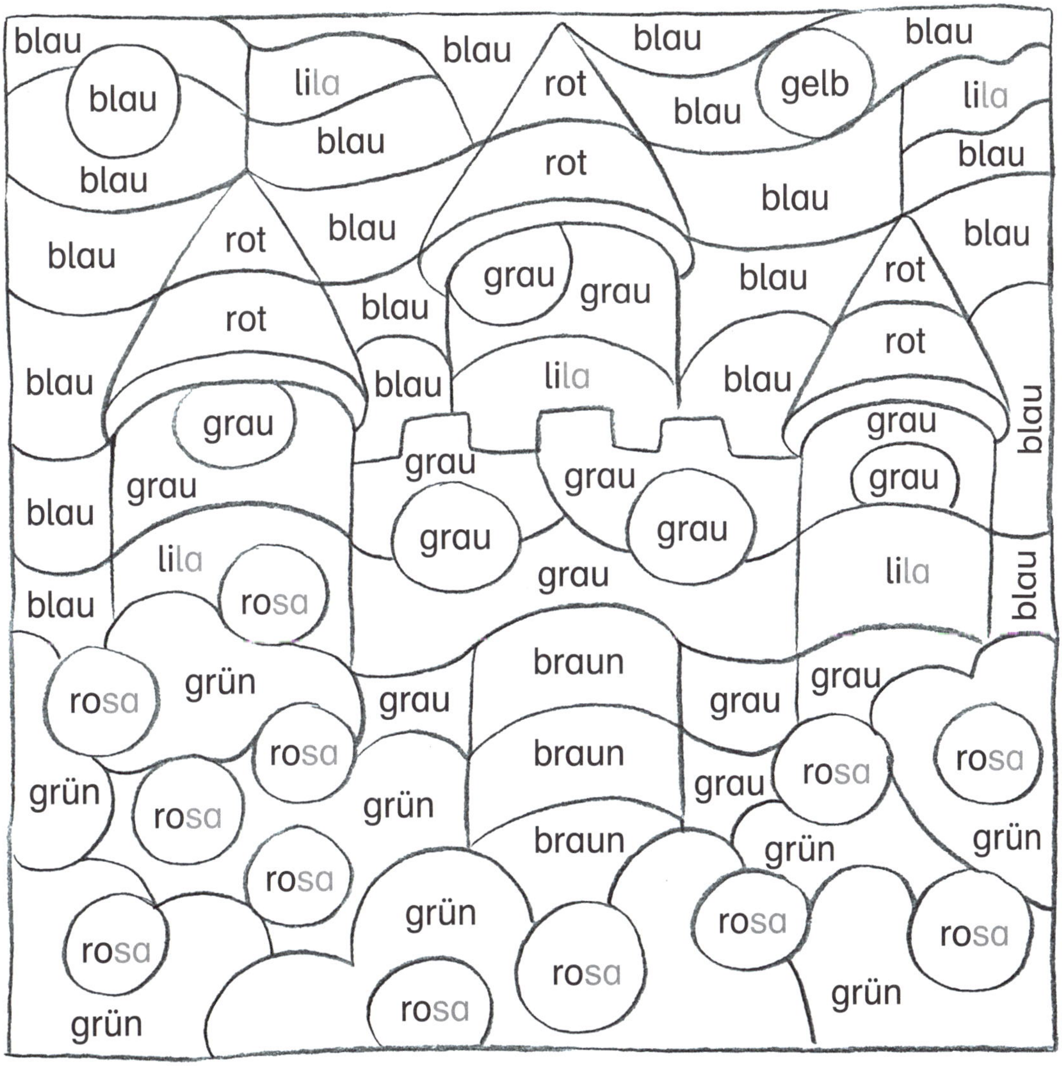

2 Was siehst du? Kreuze an.

- [ ] Berge mit Spitzen
- [ ] Burg mit Zinnen
- [ ] Kirche mit Turm
- [ ] Bär mit Tatzen

Ausmalbild

Riesen

Echte Riesen gibt es nicht.

Manche Menschen sind aber sehr groß.

Der größte Mensch der Welt ist 2,51 Meter groß.

Sein Kopf reicht bis zur Decke eines Zimmers.

Oft muss er sich bücken.

Für ihn sind alle anderen wie Zwerge.

1 Zwei Silben ergeben ein Wort.
Verbinde richtig.

Me	Men	Rie	Zim	De	Zwer
sen	mer	ter	schen	ge	cke

2 Wie groß ist der größte Mensch der Welt?
Kreuze an.

☐ 2,51 Kilometer

☐ 2,15 Meter

☐ 2,51 Meter

Silben zu Wörtern verbinden;
gezielt Informationen entnehmen

3 ~~Hut~~ Ein Wort passt nicht.
Streiche durch.

4 ~~Hut~~ Streiche das falsche Wort durch.

Echte (Reisen / Riesen) gibt es nicht.

Manche (Menschen / Märchen) sind sehr groß.

Große Leute müssen sich oft (bücken / brechen).

5 Ergänze das Bild.

Der Zwerg trägt eine Mütze.

Sie ist blau.

Die Mütze hat einen Bommel.

Der Zwerg hat einen Bart.

wortgenau lesen;
Sätze richtig ergänzen;
Textverständnis durch Malen überprüfen

Hans im Glück

Hans bekommt Gold.

Er tauscht das Gold gegen ein Pferd.

Das Pferd tauscht er gegen eine Kuh.

Hans tauscht immer weiter.

Am Ende hat er nur einen Stein.

Der Stein fällt in den Brunnen.

Hans ist froh.

Der Stein war ihm zu schwer.

1 ☒ Was siehst du auf dem Bild? Kreuze an.

☐ Brunnen ☐ Pferd ☐ Hose ☐ Blume

☐ Schuhe ☐ Hand ☐ Kuh ☐ Gras

2 ☒ Was passiert mit dem Stein? Kreuze an.

☐ Er fällt vom Berg. ☐ Er fällt in den Brunnen.

☐ Er fällt auf eine Kuh. ☐ Er fällt ins Meer.

Texte und Bilder richtig zuordnen; Textverständnis überprüfen

3 In welcher Reihenfolge bekommt Hans die Sachen? Nummeriere von 1 bis 4.

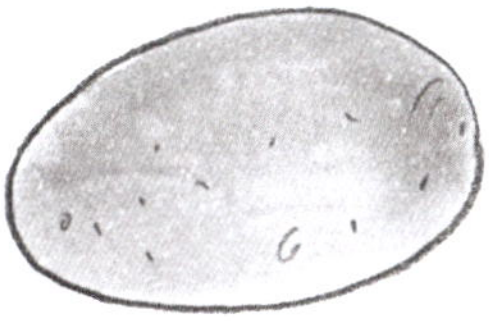

☐ ☐ ☐ ☐

4 Was siehst du hier? Kreuze an.

☐ Hans mit Schwein

☐ Hans mit Stein

☐ Haus mit Stein

5 Verbinde richtig.

Hans ist froh,
denn der Stein war

zu groß.

zu schwer.

zu klein.

Märchenwald

Leni betritt den Märchenwald am Eingang. Zuerst wandert sie nach rechts. Sie folgt dem Weg. An der zweiten Bank biegt sie ab. Sie läuft bis zum Brunnen. Dahinter geht sie rechts. Hier steht Lenis liebste Märchenfigur.

1 Finde Lenis liebste Figur. Kreise sie ein.

einer Wegbeschreibung folgen

2 Kreise alle Pflanzen ein.

Gras Glas Tanne Tonne Klee Klo Palme

3 Was siehst du alles auf der Karte? Kreuze an.

- [ ] Baum
- [ ] Parkbank
- [ ] Froschkönig
- [ ] Reh
- [ ] Blumen
- [ ] Brunnen
- [ ] Pilz
- [ ] Busch
- [ ] Mülleimer

4 Leni biegt zweimal ab. Wann? Kreuze an.

- [ ] am zweiten Baum
- [ ] an der zweiten Bank
- [ ] vor dem Brunnen
- [ ] hinter dem Brunnen

5 ~~Hut~~ Streiche das falsche Wort durch.

Leni mag (Rohkäppchen / Rotkäppchen).

Sie (geht / gähnt) zum Märchenpark.

Am Eingang (kauft / kaut) sie eine Eintrittskarte.

Dann (wartet / wandert) sie durch den Park.

Süß oder salzig?

Hänsel und Gretel sind im Wald.

Dort wohnt die Hexe.

Sie will die beiden locken.

Sie hat Süßes.

Gretel hätte aber lieber Pommes.

Und Hänsel hat Hunger auf Pizza.

Also gehen sie weiter.

Glück gehabt!

1 Wer hat Hunger auf was? Verbinde richtig.

Hänsel Gretel

2 Womit lockt die Hexe? Kreuze an.

- ☐ mit Schokolade
- ☐ mit Süßem
- ☐ mit Pommes
- ☐ mit Spielzeug

gezielt Informationen entnehmen

3 ☒ Was siehst du? Kreuze an.

- ☐ eine alte Hexe mit Warze
- ☐ eine alte Hütte mit Warze
- ☐ eine alte Hexe mit Wanze

4 ☒ Richtig oder falsch? Kreuze an.

	richtig	falsch
Die Hexe wohnt im Wald.	☐	☐
Gretel möchte nichts Süßes.	☐	☐
Die Hexe fängt Hänsel.	☐	☐

5 Kreise alle Süßigkeiten ein.

Bonbon Lutscher Rutsche Wurst

Gummibärchen Gummiboot Lakritze

Seil Käse Schokolade Kaninchen

genau lesen;
Aussagen zum Text überprüfen;
wortgenau lesen

15 min

Ritter

Das Leben als Ritter war hart.
Ritter mussten oft kämpfen.
Zum Schutz trugen sie eine Rüstung.
Sie war aus Metall.
Ein Helm schützte den Kopf.
Ihre Waffen waren Schwerter und Lanzen.

1 Was siehst du? Kreuze an.

☐ Ritter mit Waffel

☐ Ritter mit Waffe

2 Verbinde richtig.

Ritter schützten sich mit

Halm und Rüstung.

Helm und Schild.

Helm und Rüstung.

3 Welche Waffen kommen vor? Kreise ein.

Bogen Schwert Axt Lanze Dolch

Du hast ___ von 4 Antworten richtig.

1 Kreise im Suchsel diese Wörter ein:

Zwerg Jäger Apfel Königin

F	A	Z	W	E	I	T	J
J	B	A	P	F	E	L	A
Ä	F	U	Z	W	E	I	G
G	A	N	W	F	K	J	D
E	L	F	E	R	L	A	H
R	L	E	R	E	E	R	O
E	I	E	G	I	E	M	P
K	Ö	N	I	G	I	N	F

2 Zu welchem Märchen gehören diese Wörter? Kreuze an.

☐ Sterntaler ☐ Schneewittchen ☐ Rapunzel

3 Eine weitere Märchenfigur hat sich im Suchsel versteckt. Kreise sie ein.

Lösung: Es ist die F_____ .

Rapunzel-Salat

Möchtest du Rapunzeln essen?
Dann kaufe Feldsalat.
Das ist dasselbe.
Wasche den Salat.
Mache dann eine Soße.
Vermische je 3 EL Essig, Öl,
Wasser und Milch mit 1 Teelöffel Zucker
und einer Prise Salz.
Gib die Soße über den Salat. Fertig!

1 Welche Wörter stehen genau so im Text? Kreuze an.

☐ Feldsalat ☐ Salat ☐ Gurke ☐ Soße

2 Kreise alle Zutaten für das Rezept ein.

Feldsalat Zitrone Öl Salz Zucker Pfeffer

Honig Senf Essig Wasser Milch

wortgenau lesen;
gezielt Informationen entnehmen

3 Welche Reihenfolge ist richtig?
Nummeriere von 1 bis 3.

☐ ☐ ☐

4 Ergänze das Bild.

Unten in der Schüssel liegen Gurkenscheiben.

Darauf liegen kleine Tomaten.

Darüber sind gehackte Möhren verteilt.

Auf den Möhren liegen Maiskörner.

Text anhand von Bildern rekonstruieren;
Textverständnis durch Malen überprüfen

Prinzessin auf der Erbse

Ein Mädchen kommt ins Schloss.
Es übernachtet dort.
Nachts schläft es schlecht.
Etwas stört.
Eine Erbse liegt unter ihren Matratzen.
Der Prinz freut sich:
Das Mädchen muss eine Prinzessin sein.
Sonst hätte es die Erbse nicht gespürt.

1 ☒ Was kommt im Text vor? Kreuze an.

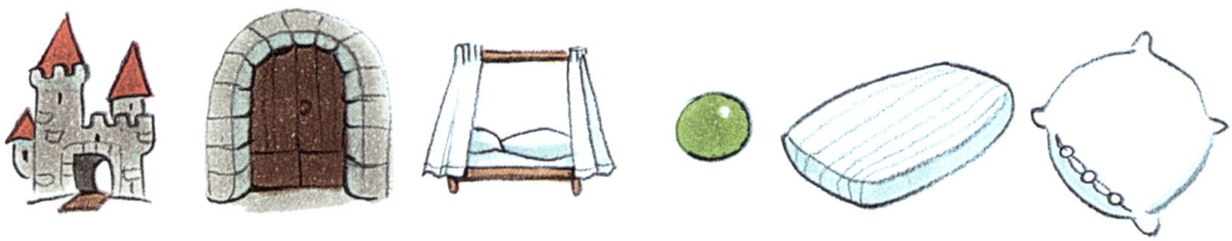

☐ ☐ ☐ ☐ ☐ ☐

2 ☒ Wo übernachtet das Mädchen? Kreuze an.

☐ im Hotel ☐ im Schloss ☐ im Schuppen

3 Verbinde richtig.

Das Mädchen hat eine Erbse

Es muss eine

gegessen.

gespült.

gespürt.

Prinzessin sein.

Gärtnerin sein.

4 Was siehst du hier? Kreuze an.

☐ eine Erbse auf einem Stapel Matratzen

☐ eine Erbse unter einem Stapel Matratzen

☐ eine Erde unter einem Stapel Matratzen

Sätze inhaltlich richtig zusammenfügen;
genau lesen

Einladung

Am Sonntag heirate ich den Prinzen.
Um 15 Uhr geht es los.
Erst treffen wir uns in der Kirche.
Dann feiern wir ein Fest im Schloss.
Es gibt Musik und gutes Essen.
Ich freue mich auf dich.
Dein Aschenputtel

1 ☒ Was wird gefeiert? Kreuze an.

☐ Hochzeit ☐ Taufe ☐ Einschulung

2 ☒ Wer lädt ein? Kreuze an.

☐ Aschenpaddel ☐ Aschenputtel ☐ Hänsel

3 ☒ Welche Wörter stehen genau so im Text? Kreuze an.

☐ Sonnentag ☐ Prinzen ☐ Kirche
☐ Feier ☐ Schluss ☐ Musik

Textverständnis überprüfen; gezielt Informationen entnehmen; wortgenau lesen

4 Wo treffen sich die Gäste zuerst? Kreuze an.

 ☐

 ☐

 ☐

5 ~~Hut~~ Ein Wort passt nicht. Streiche durch.

Trommel Flöte Geige Pauke
Gitarre Flasche Klavier Harfe

6 Richtig oder falsch? Kreuze an.

	richtig	falsch
Es wird am Samstag gefeiert.	☐	☐
Die Feier beginnt um 15 Uhr.	☐	☐
Das Fest ist im Gasthaus.	☐	☐
Es gibt Musik.	☐	☐
Es gibt kein gutes Essen.	☐	☐

gezielt Informationen entnehmen;
wortgenau lesen;
Aussagen zum Text überprüfen

Angriff

Es gab viele Angriffe auf Burgen.

Die schwächste Stelle war das Tor am Eingang.

Es wurde extra gesichert.

Oft gab es einen Graben.

Manche Burgen hatten eine Zugbrücke.

Von oben bewarf man die Feinde.

Man nahm Steine oder heißes Pech.

1 Zwei Silben ergeben ein Wort. Verbinde richtig.

Stei An Brü Ein Gra Stel

cke ne gang griff le ben

2 Was war die schwächste Stelle der Burg? Kreuze an.

☐ Eingangstor ☐ Graben ☐ Turm

3 Was schützte laut Text die Burg? Kreise ein.

Zugbrücke Tunnel Graben Wall Drachen

Silben zu Wörtern verbinden;
gezielt Informationen entnehmen

4 Verbinde richtig.

Eingangstor

Zugbrücke

Ritter, der angreift

Ritter, der verteidigt

5 Verbinde richtig.

Man bewarf seine Feinde

mit Scherben und Pech.

mit Steinen und Blech.

mit Steinen und Pech.

Texte und Bilder richtig zuordnen;
Sätze inhaltlich richtig zusammenfügen

15 min

1 Welches Bild gehört zu welchem Satz?

Besuch

☐ Die sieben Zwerge kommen heim.

☐ Jemand hat von ihren Tellern gegessen.

☐ Jemand hat aus ihren Bechern getrunken.

☐ Jemand hat sich in ihre Betten gelegt.

Schneewittchen? Nein. Heute ist es ein kleiner Bär.

1

2

3

4

2 Kreise alle Wörter ein, die sich auf Bär reimen. Was fällt dir auf?

schwer Teer Fähre mehr Bälle leer Bett wer

Du hast ☐ von 9 Antworten richtig.

In der Schule ist Märchenfest.
Als was hat sich Hanna verkleidet?

1 Finde hier zwei Wörter:

Diese Wörter bezeichnen kein Obst.

Sie reimen sich nicht auf das Wort Eis.

Sie bezeichnen nichts, was man trinken kann.

Saft Kreis Banane Milch
Mango Mais Rose Sprudel
Weiß Apfel Tee Zitrone
Weintraube Reis Wasser
Ananas Rotstift Kaffee Birne Preis

2 Trage die ersten Silben dieser zwei Wörter richtig in die Lösung ein.

Hanna ist als ________ SEN __________ verkleidet.

Ali Baba

Ali Baba sieht 40 Räuber. Sie stehen an einem Felsen. Ein Räuber sagt: „Sesam, öffne dich!“ Da öffnet sich ein Tor. Die Räuber gehen in den Felsen. Später reiten sie weg. Ali Baba sagt nun auch: „Sesam, öffne dich!“ Das Tor geht auf. Ali Baba findet einen großen Schatz.

1 Bringe die Bilder in die richtige Reihenfolge. Nummeriere von 1 bis 3.

 ☐

 ☐

 ☐

2 Wie viele Räuber sieht Ali Baba? Kreuze an.

☐ vier ☐ vierzig ☐ vierundzwanzig

Text anhand von Bildern rekonstruieren; gezielt Informationen entnehmen

3 ☒ Welche Wörter stehen genau so im Text? Kreuze an.

☐ Felsen ☐ Berg ☐ Wald ☐ Pferd

☐ Gold ☐ Tor ☐ Weg ☐ Edelsteine

4 ~~Hut~~ Streiche das falsche Wort durch.

Die Räuber (sterben / stehen) an einem Felsen.

Ein (Berg / Tor) öffnet sich im Felsen.

Ali Baba (findet / verliert) einen Schatz.

5 ☒ Was siehst du? Kreuze an.

☐ ein großer Schatz auf einer Höhle

☐ ein großer Schatz in einer Höhle

☐ ein großer Spatz in einer Höhle

Ein echtes Märchenschloss

In unserem Land gibt es viele Schlösser.
Eines davon ist besonders schön. Es steht bei Füssen. Das Schloss liegt auf einem Felsen.
Es ähnelt einer Burg.
Überall hat es Türme.
Jedes Jahr besuchen es sehr viele Leute.
Es heißt Neuschwanstein.

1 ☒ Was ist Neuschwanstein? Kreuze an.

☐ ein Berg ☐ eine Burg ☐ ein Schloss

2 ○ Kreise alle Gebäude ein.

Schluss Schloss Stein Sofa Burg

Berg Haus Hase Kirche Kirsche

gezielt Informationen entnehmen;
wortgenau lesen

3 Richtig oder falsch? Kreuze an.

	richtig	falsch
Neuschwanstein steht bei Füssen.	☐	☐
Es hat viele Türme.	☐	☐
Es steht auf einer Insel.	☐	☐
Niemand besucht es.	☐	☐

4 Verbinde richtig.

Turm des Schlosses

Weg zum Schloss

Fenster des Schlosses

Aussagen zum Text überprüfen;
Texte und Bilder richtig zuordnen

Die Bremer Stadtmusikanten

Die Tiere sind hungrig. Sie sehen die Räuber im Haus. Der Tisch ist gut gedeckt. Die Tiere springen aufeinander.

Der Esel schreit.

Der Hund bellt.

Die Katze miaut.

Der Hahn kräht.

Sie fallen durchs Fenster.

Die Räuber fliehen.

Sie halten die vier für ein Gespenst.

1 ☒ Warum wollen die Tiere ins Haus? Kreuze an.

- ☐ Sie frieren.
- ☐ Sie haben Hunger.
- ☐ Es regnet.
- ☐ Sie sind müde.

2 ☒ Wen vertreiben die Tiere? Kreuze an.

- ☐ ein Gespenst
- ☐ eine Hexe
- ☐ Räuber

Textverständnis überprüfen; gezielt Informationen entnehmen

3 Wer macht was? Verbinde richtig.

Der Esel	bellt.
Der Hund	miaut.
Die Katze	schreit.

4 Was siehst du links auf dem Bild? Kreuze an.

- ☐ Die Katze steht auf dem Esel.
- ☐ Der Hahn steht ganz oben.
- ☐ Der Hund steht auf dem Esel.

5 Male: Auf dem Tisch stehen vier Becher und vier Teller. Auf den Tellern liegen Nudeln mit roter Soße. Die Becher sind halb voll.

Sätze inhaltlich richtig ergänzen;
Texte und Bilder richtig zuordnen;
Textverständnis durch Malen überprüfen

15 min

Wölfe

Früher gab es viele Wölfe. Sie lebten in unseren Wäldern. Die Leute hatten große Angst vor ihnen. Also jagten sie die Wölfe. Sie rotteten die Tiere fast aus. Das war vor hundert Jahren. Jetzt gibt es wieder einige Wölfe.

1 ☒ Was siehst du auf dem Bild? Kreuze an.

- ☐ Wölfe im Wald
- ☐ einen Wolf an der Wand
- ☐ einen Wolf im Wald
- ☐ Wind im Wald

2 ☒ Warum wurden die Wölfe gejagt? Kreuze an.

- ☐ Sie waren gefährlich.
- ☐ Man hatte Angst.

3 ☒ Wann wurden die Wölfe fast ausgerottet? Kreuze an.

- ☐ vor 100 Jahren
- ☐ vor 1 000 Jahren

Du hast ___ von 3 Antworten richtig.

Finde Ritter Rex!

Ritter Rex hat einen Helm mit rosa Feder.

Ritter Max trägt einen Schild zum Schutz.

Ritter Hajo besitzt kein Schwert.

Ritter Kuno kämpft mit der Axt.

Ritter Timo hat keine Feder am Helm.

1 Trage Rex' Namen richtig ein.

2 Trage die Namen der anderen Ritter ein.

1 Trenne die beiden Wortschlangen.

FINDEIMSUCHSELEINEFARBE.

B	A	L	F	S
L	G	R	Ü	N
O	T	R	O	M

MALEALLEGEMÜSESORTENSOAN.

2 Befolge dann die Hinweise.

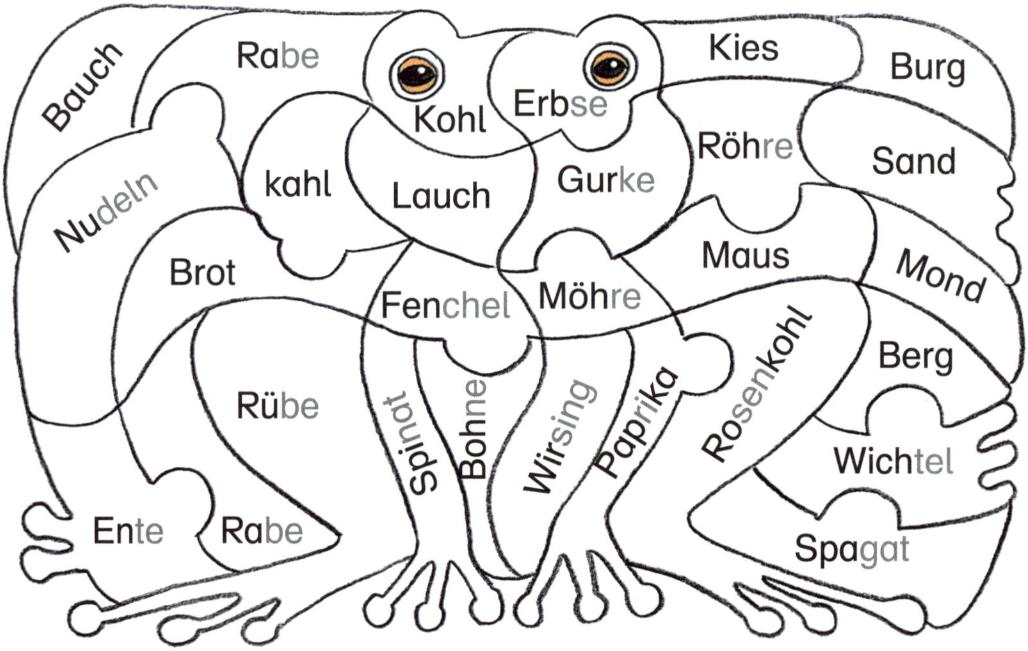

3 Was siehst du? Kreuze an.

☐ Gras ☐ Apfel ☐ Frosch ☐ Fisch